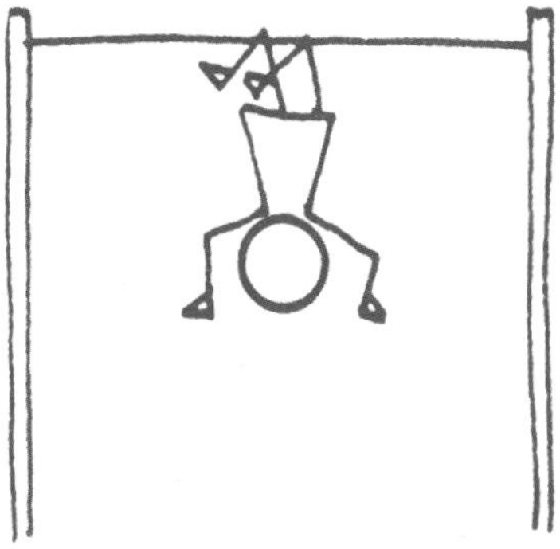

HL00138051

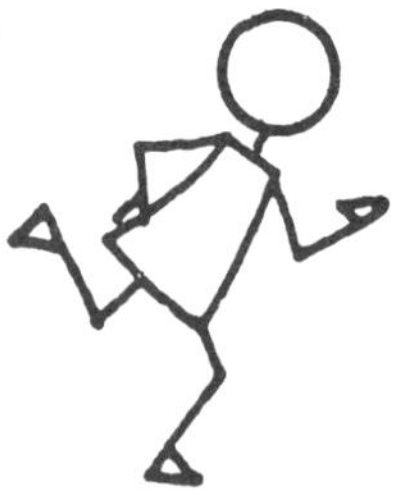

HL00138051

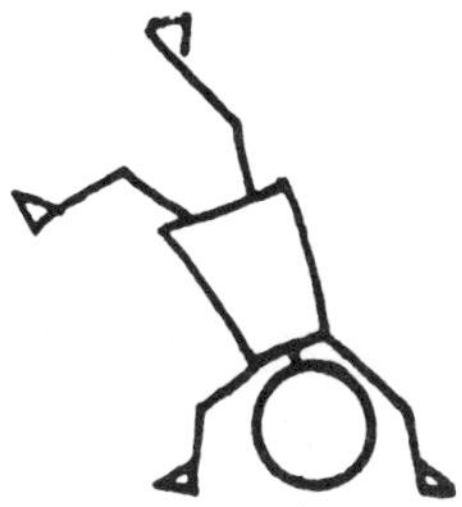

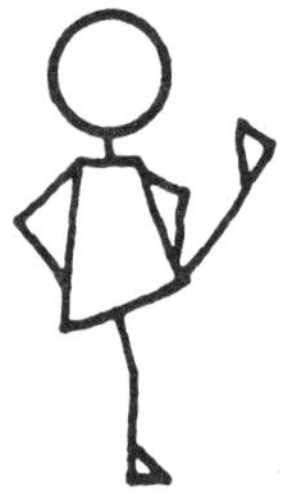

HL00138051

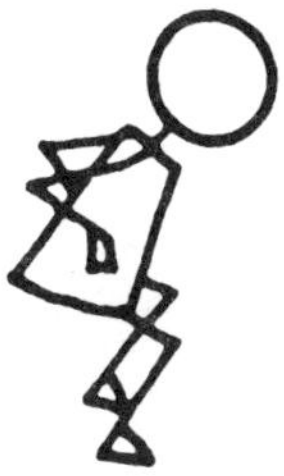

HL00138051

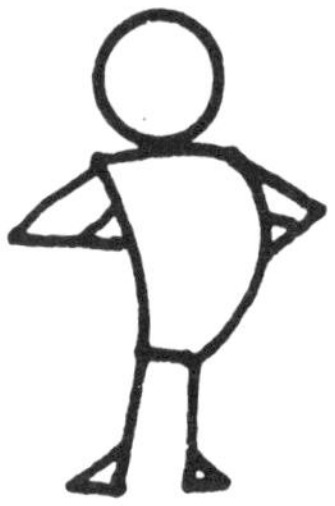

HL00138051

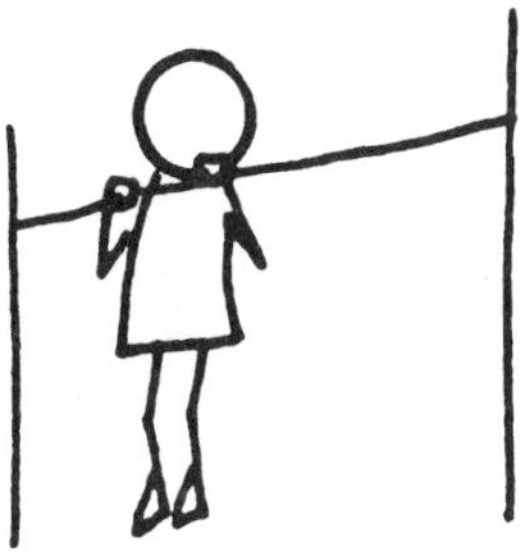

HL00138051

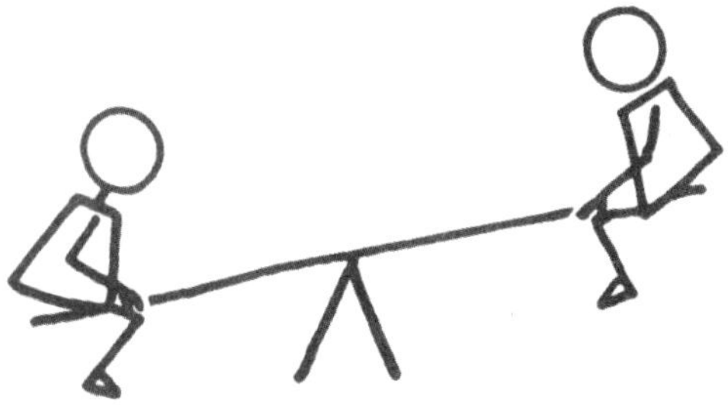

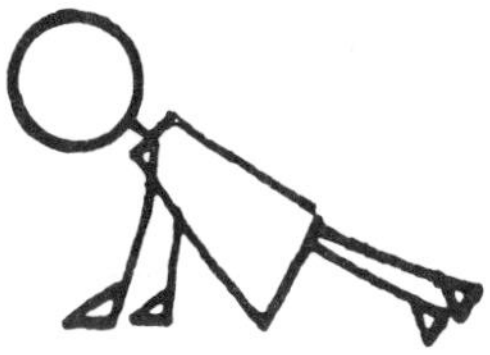

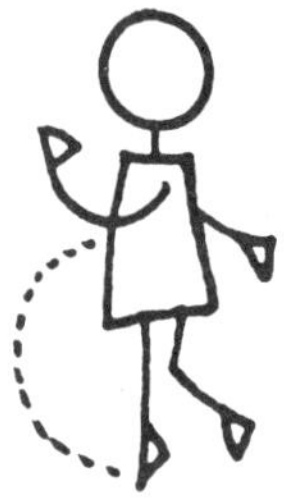

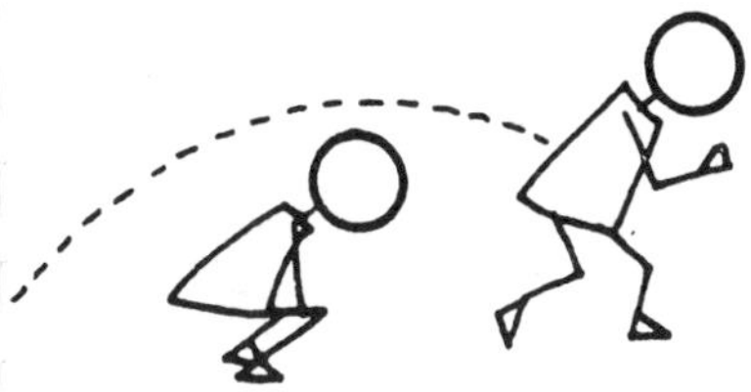

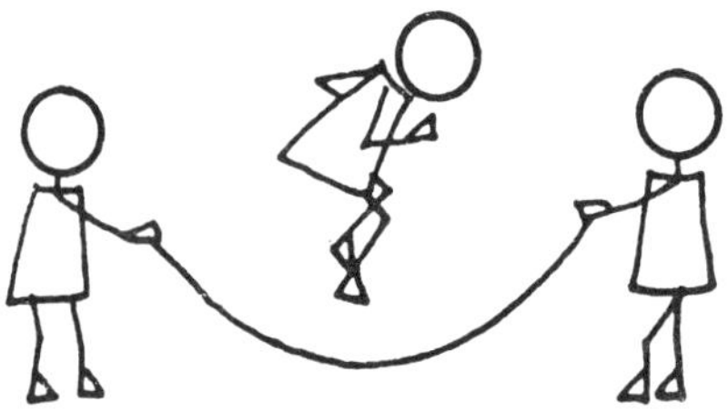

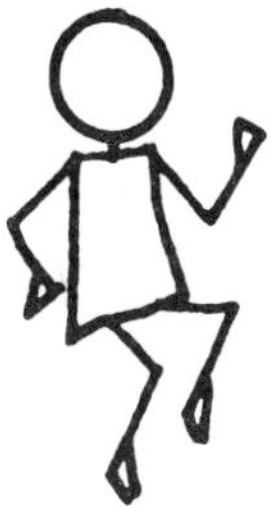

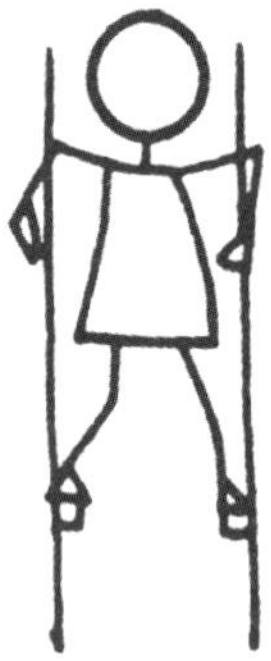

HL00138051

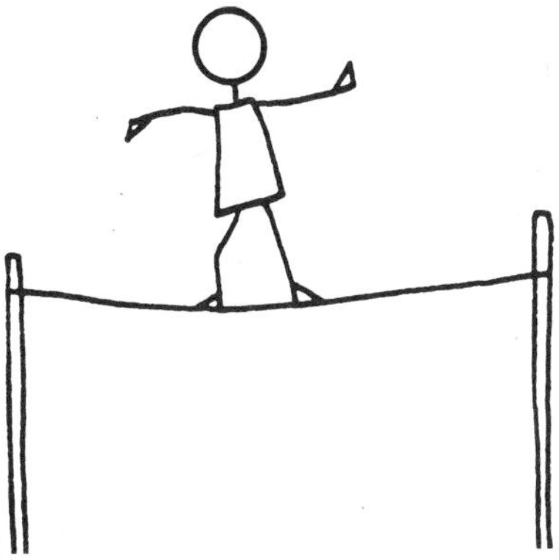

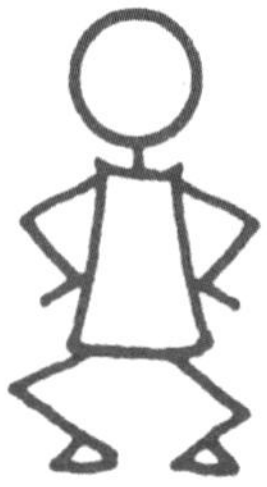

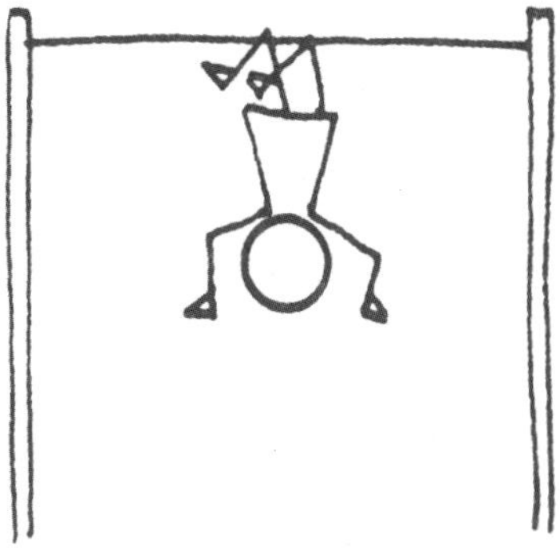

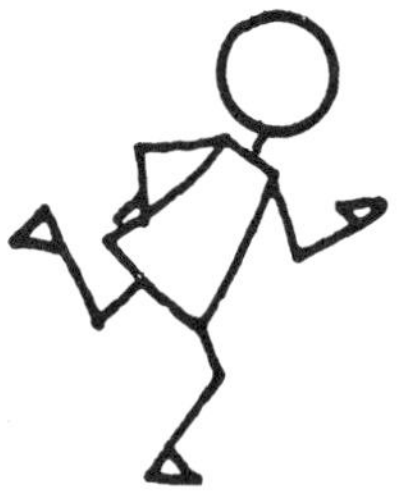

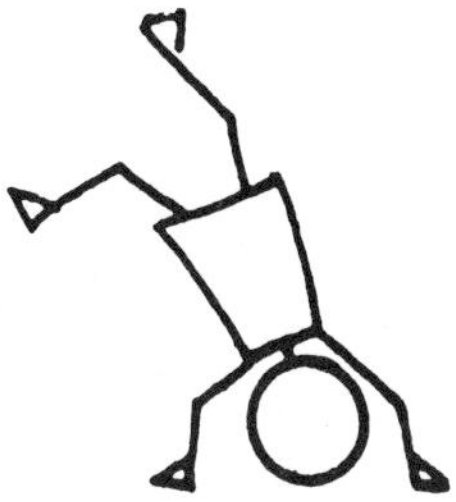

HL00138051

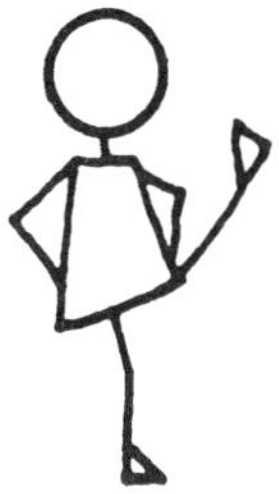

HL00138051

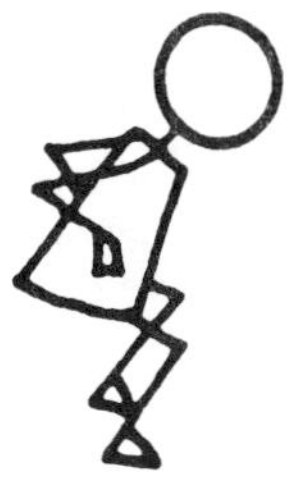

HL00138051

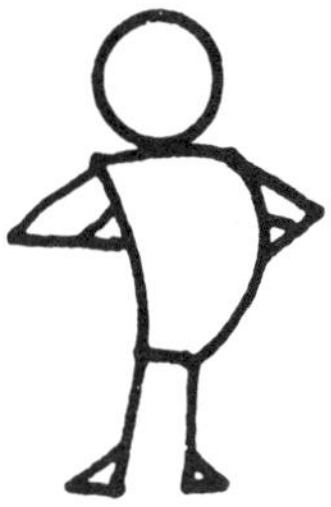

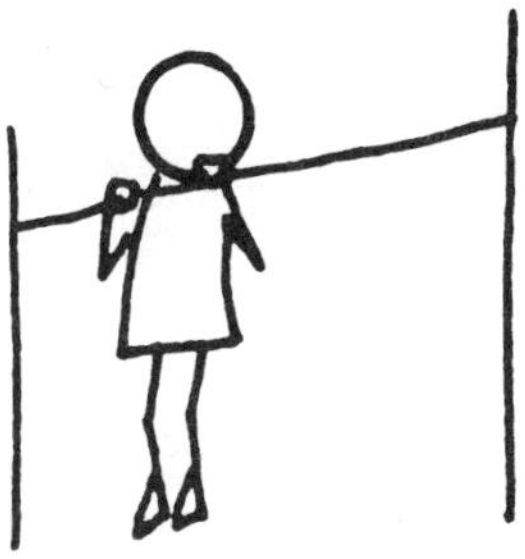

HL00138051

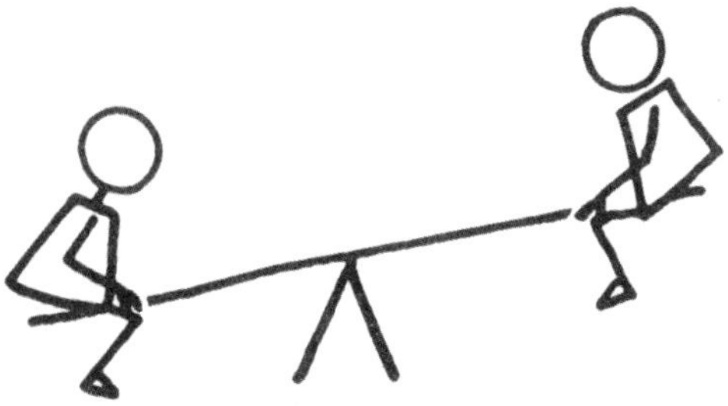

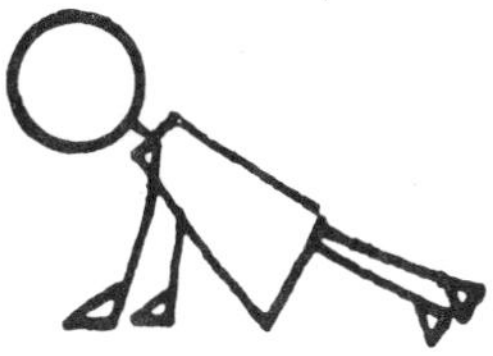

HL00138051

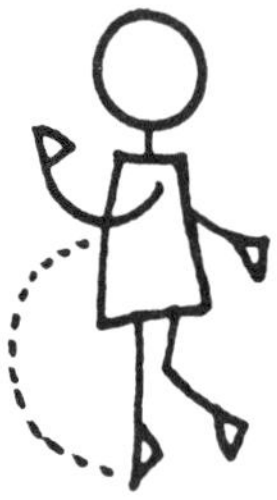

HL00138051

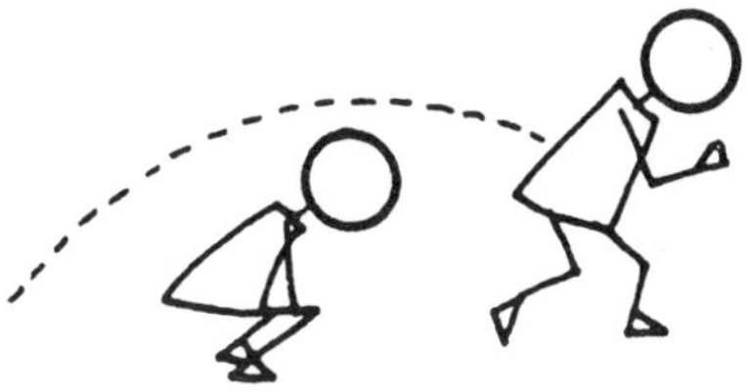

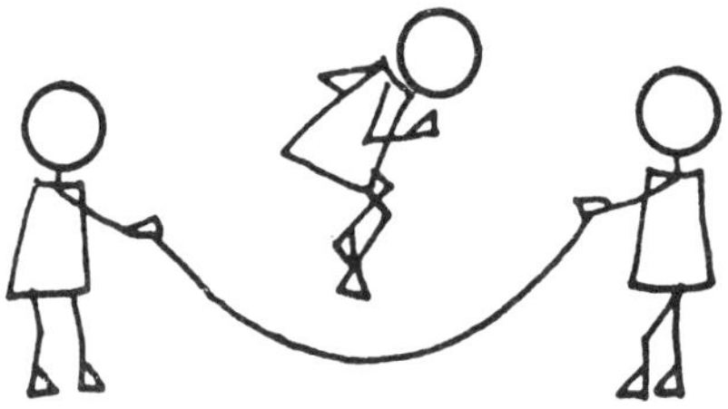

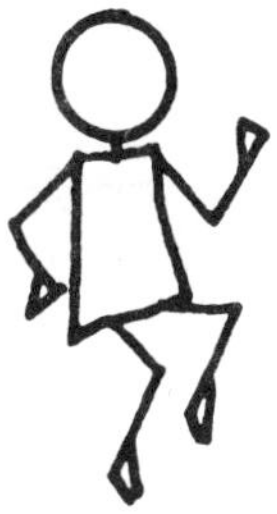

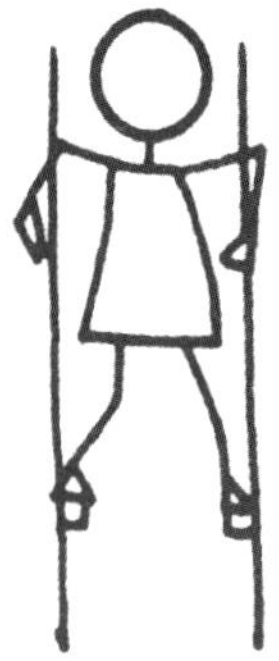

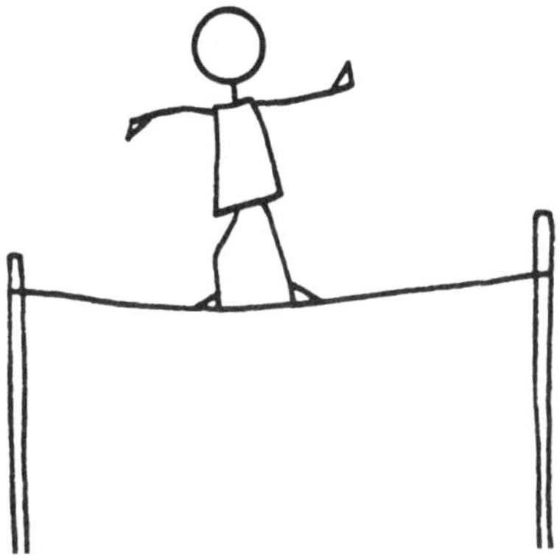

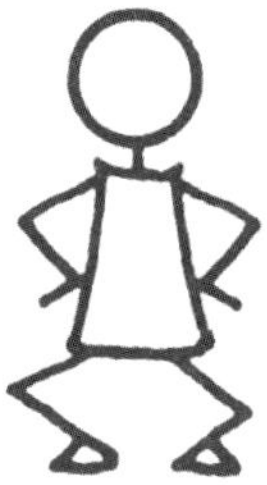